县委书记的榜样——焦裕禄

穆青　冯健　周原　著

中国言实出版社

图书在版编目(CIP)数据

县委书记的榜样——焦裕禄 / 穆青，冯健，周原著.
—北京：中国言实出版社，2014.4
ISBN 978-7-5171-0484-1

Ⅰ.①县… Ⅱ.①穆… ②冯… ③周… Ⅲ.①焦裕禄
（1922～1964）—先进事迹 Ⅳ.①K827=7

中国版本图书馆CIP数据核字（2014）第054756号

责任编辑：王昕朋
文字编辑：谷亚光　宋沫樘

出版发行 中国言实出版社
　　　　　地　址：北京市朝阳区北苑路180号加利大厦5号楼105室
　　　　　邮　编：100101
　　　　　编辑部：北京市西城区百万庄大街甲16号五层
　　　　　邮　编：100037
　　　　　电　话：64924853（总编室）64924716（发行部）
　　　　　网　址：www.zgyscbs.cn
　　　　　E-mail：zgyscbs@263.net
经　　销 新华书店
印　　刷 三河市祥达印刷包装有限公司
版　　次 2014年3月第1版　　2014年3月第1次印刷
规　　格 850毫米×1168毫米　1/32　1.5印张
字　　数 23千字
定　　价 10.00元　　ISBN 978-7-5171-0484-1

2014 年 3 月习近平总书记在河南兰考调研指导党的群众路线教育实践活动时指出：

很多东西存在的时间虽然短暂，但这短暂铸就了永恒，焦裕禄精神就是这样，井冈山精神、延安精神、雷锋精神等革命传统和伟大精神都是这样。

学习弘扬焦裕禄精神，要重点学习弘扬焦裕禄的公仆情怀、求实作风、奋斗精神和道德情操。要见贤思齐，组织党员、干部把焦裕禄精神作为一面镜子来好好照一照自己，努力做焦裕禄式的好党员、好干部。

目　录

县委书记的榜样——焦裕禄

1962 年冬天，正是豫东兰考县遭受内涝、风沙、盐碱三害最严重的时刻。这一年，春天风沙打毁了 20 万亩麦子，秋天淹坏了 30 多万亩庄稼，盐碱地上有 10 万亩禾苗碱死，全县的粮食产量下降到了历史的最低水平。

就是在这样的关口，党派焦裕禄来到了兰考。

展现在焦裕禄面前的兰考大地，是一幅多么严重的灾荒的景象呵！横贯全境的两条黄河故道，是一眼看不到边的黄沙；片片内涝的洼窝里，结着青色的冰凌；白茫茫的盐碱地上，枯草在寒风中抖动。

困难，重重的困难，像一副沉重的担子，压在这位新到任的县委书记的双肩。但是，焦裕禄是带着《毛泽东选集》来的，是怀着改变兰考灾区面貌的坚定决心来的。在这个贫农出身的共产党员看来，这里有 36 万勤劳的人民，有烈士们流鲜血解放出来的 90 多万亩土地。只要加强党的领导，一时有天大的艰难，也一定能杀出条路来。

第二天，当大家知道焦裕禄是新来的县委书记时，他已经下乡了。

他到灾情最重的公社和大队去了。他到贫下中农的草屋里，到饲养棚里，到田边地头，了解情况，观察灾情去了。他从这个大队到那个大队，他一路走，一路和同行的干部谈论。见到沙丘，他说："栽上树，岂不是成了一片好绿林！"见到涝洼窝，他说："这里可以栽苇、种蒲、养鱼。"见到碱地，他说："治住它，把一片白变成一片青！"转了一圈回到县委，他向大家说："兰考是个大有作为的地方，问题是要干，要革命。兰考是灾区，穷，困难多，但灾区有个好处，它能锻炼人的革命意志，培养人的革命品格。革命者要在困难面前逞英雄。"

焦裕禄的话，说得大家心里热呼呼的。大家议论说，新来的县委书记看问题高人一着棋，他能从困难中看到希望，能从不利条件中看到有利因素。

"关键在于县委领导核心的思想改变"

连年受灾的兰考，整个县上的工作，几乎被发统销粮、贷款、救济棉衣和烧煤所淹没了。有人说县委机关实际上变成了一个供给部。那时候，很多群众等待救济，一部分干部被灾害难住了，对改变兰考面貌缺少信心，少数人甚至不愿意留在灾区工作。他们害怕困难，更害怕犯错误……

焦裕禄想："群众在灾难中两眼望着县委，县委挺不起腰杆，群众就不能充分发动起来。'干部不领，水牛掉井'，要想改变兰考的面貌，必须首先改变县委的精神状态。"

夜，已经很深了，焦裕禄躺在床上翻来覆去睡不着。他披上棉衣，找县委副书记张钦礼谈心去了。

在这么晚的时候，张钦礼听见叩门声，吃了一惊。他迎进焦裕禄，连声问："老焦，出了啥事？"

焦裕禄说："我想找你谈谈。你在兰考十多年了，情况比我熟，你说，改变兰考面貌的主要问题在哪里？"

张钦礼沉思了一下，回答说："在于人的思想的改变。"

"对。"焦裕禄说："应该在思想前面加两个字：领导。眼前关键在于县委领导核心的思想改变。没有抗灾的干部，就没有抗灾的群众。"

两个人谈得很久，很深，一直说到后半夜。他们的共同结论是，除"三害"首先要除思想上的病害；特别是要对县委的干部进行抗灾的思想教育。不首先从思想上把人们武装起来，要想完成除"三害"斗争，将是不可能的。

严冬，一个风雪交加的夜晚，焦裕禄召集在家的县委委员开会。人们到齐后，他并没有宣布议事日程，只说了一句："走，跟我出去一趟。"就领着大家到火车站去了。

当时，兰考车站上，北风怒号，大雪纷飞。车站的屋檐下，挂着尺把长的冰柱。一列运送兰考灾民前往丰收地区的专车，正从这里飞驰而去。也还有一些灾民，穿着国家救济的棉衣，蜷曲在待发的货车上，拥挤在破旧的候车室里。

焦裕禄指着他们，沉重地说："同志们，你们看，他们绝大多数人，都是我们的阶级兄弟。是灾荒逼迫他们背井离乡的，不能责怪他们，我们有责任。党把这个县 36 万群众交给我们，我们不能领导他们战胜灾荒，应该感到羞耻和痛心……"

他没有再讲下去，所有的县委委员都沉默着低下了头，这时有人才理解，为什么焦裕禄深更半夜领着大家来看风雪严寒中的车站。

从车站回到县委，已经是半夜时分了，会议这时候才正式开始。

焦裕禄听了大家的发言，最后说："我们经常口口声声说要为人民服务，我希望大家能牢记着今晚的情景，这样我们就会带着阶级感情，去领导群众改造兰考的面貌。"

紧接着，焦裕禄组织大家学习《为人民服务》《纪念白求恩》《愚公移山》等文章，鼓舞大家的革命干劲，鼓励大家像张思德，白求恩那样工作。

以后，焦裕禄又专门召开了一次常委会，回忆兰考的革命斗争史。在残酷的武装斗争年代，兰考县的干部和人民，同敌人英勇搏斗，前仆后继。有一个区，曾经在一个月内有九个区长为革命牺牲。烈士马福重被敌人破腹后，肠子被拉出来挂在树上……焦裕禄说："兰考这块地方，是同志们用鲜血换来的。先烈们并没有因为兰考人穷灾大，就把它让给敌人，难道我们就不能在这里战胜灾害？"

一连串的政治思想教育和形势教育，使县委领导核心在严重的自然灾害面前站起来了。他们打掉了在自然灾害面前束手无策、无所作为的懦夫思想，从上到下坚定地树立了自力更生消灭"三害"的决心。不久，在焦裕禄倡议和领导下，一个改造兰考大自然的蓝图制订出来了。这个蓝图规定在三五年内，要取得治沙、治水、治碱的基本胜利，改变兰考的面貌。这个蓝图经过县委讨论通过后，报告了中共开封地委，焦裕禄在报告上，又着重加了几句：

"我们对兰考的一草一木都有深厚的感情。面对着当前严重的自然灾害，我们有革命的胆略，坚决领导全县人民，苦战三五年，改变兰考的面貌。不达目的，我们死不瞑目。"

这几句话，深切地反映了当时县委的决心，也是兰考全县党组织在上级党组织面前，一次庄严的宣誓。直到现在，它仍然深深地刻在县委所有同志的心上，成为鞭策他们前进的力量。

"吃别人嚼过的馍没味道"

焦裕禄深深地了解，理想和规划并不等于现实，这涝、沙、碱三害，自古以来害了兰考人民多少年呵！今天，要制服"三害"，要把它们从兰考土地上像送瘟神一样驱走，必须进行大量艰苦细致的工作，付出高昂的代价。

他想，按照毛主席的教导，不管做什么工作，必须首先了解情况，进行调查研究，"没有调查就没有发言权"。要想战胜灾害，单靠一时的热情，单靠主观愿望，事情断然是办不好的。即使硬干，也要犯毛主席早已批评过的，"闭塞眼睛捉麻雀"，"瞎子摸鱼"的错误。要想战胜灾害，必须照毛主席的指示办事，详尽地掌握灾害的底细，了解灾害的来龙去脉，然后作出正确的判断和部署。

他下决心要把兰考县 1800 平方公里土地上的自然情况摸透，亲自去掂一掂兰考的"三害"究竟有多大分量。

根据这一想法，县委先后抽调了 120 个干部、老农和技术员，组成一支三结合的"三害"调查队，在全县展开了大规模的追洪水、查风口、控流沙的调查研究工作。焦裕禄和县委其他领导干部，都参加了这场战斗。那时候，焦裕禄正患着慢性的肝病，许多同志担心他在大风大雨中奔波，会加剧病情的发展，劝他不要参加，但他毫不犹豫地拒绝了同志们的劝告，他说："吃别人嚼过的馍没味道。"他不愿意坐在办公室里依靠别人的汇报来进行工作，说完就背着干粮拿着雨伞，和大家一起出发了。

每当风沙最大的时候，也就是他带头下去查风口、探流沙的时候；雨最大的时候，也就是他带头下去冒雨涉水，观看洪水流势和变化的时候。他认为这是掌握风沙、水害规律最有利的时机。为了弄清一个大风口，一条主干河道的来龙去脉，他经常不辞劳苦地跟着调查队，追寻风沙和洪水的去向，从黄河故道开始，越过县界、省界，一直追到沙落尘埃，水入河道，方肯罢休。在这场艰苦的斗争中，县委书记焦裕禄简直变成一个满身泥水的农村"脱坯人"了。他和调查队的同志们经常在截腰深的水里吃干粮，有时夜晚蹲在泥水处歇息……

有一次，焦裕禄从固阳公社回县的路上，遇到了白帐子猛雨。大雨下了七天七夜，全县变成了一片汪洋。焦裕禄想："嘀，洪水呀，等还等不到哩，你自己送上门来了。"他回到县里后，连停也没停，就带着办公室的三个同志出发了。眼前只有水，哪里有路？他们靠着各人手里的一根棍，探着，走着。这时，焦裕禄突然感到一阵阵肝痛，不时弯下身子用左手按着肝区。三个青年恳求着说："你回去休息吧。把任务交给我们，我们保证按照你的要求完成任务。"焦裕禄没有同意，继续一路走，一路工作着。

他站在洪水激流中，同志们为他张着伞，他画了一张又一张水的流向图。等他们赶到金营大队，支部书记李广志一看见焦裕禄就吃惊地问："一片汪洋大水，您是咋来的？"焦裕禄抢着手里的棍子说："就坐这条船来的。"李广志让他休息一下，他却拿出自己画的图来，一边指点着，一边滔滔不绝地告诉李广志，根据这里的地形和水的流势，应该从哪里到哪里开一条河，再从哪里到哪里挖一条支沟……这样，就可以把这几个大队的积水，统统排出去了。李广志听了非常感动，他没有想到，焦裕禄同志的领导工作，竟这样的深入细致！到吃饭的时候了，他要给焦裕禄派饭，焦裕禄说："雨天，群众缺烧的，不吃啦！"说着，就又向风雨中走去。

送走了风沙滚滚的春天，又送走了暴雨连连的夏季，调查队在风里、雨里、沙窝里、激流里度过了一个月又一个月，方圆跋涉了5000余里，终于使县委抓到了兰考"三害"的第一手资料。全县有大小风口84个，经调查队一个个查清，编了号、绘了图；全县的千河万流，淤塞的河渠，阻水的路基、涵闸……也调查得清清楚楚，绘成了详细的排涝泄洪图。

这种大规模的调查研究，使县委基本上掌握了水、沙、碱发生、发展的规律。几个月的辛苦奔波，换来了一整套又具体又详细的资料，把全县抗灾斗争的战斗部署，放在一个更科学更扎实的基础之上。大家都觉得方向明，信心足，无形中增添了不少的力量。

"榜样的力量是无穷的"

夜已经很深了，阵阵的肝痛和县委工作沉重的担子，使焦裕禄久久不能入睡。他的心在想着兰考县的 36 万人和 2574 个生产队。抗灾斗争的发展是不平衡的，基层干部和群众的思想觉悟也有高有低，怎样才能充分调动起群众的革命积极性？怎样才能更快地在全县范围内开展起轰轰烈烈的抗灾斗争？……

焦裕禄在苦苦思索着。

他披衣起床，重又翻开《毛泽东选集》。在多年的工作中，焦裕禄已养成了学习毛主席著作的习惯，他从毛主席的著作中汲取了无穷的智慧和力量。县委开会，他常常在会前朗读毛主席著作中的有关章节。无论在办公室，或下乡工作，他总是提着一个布兜儿，装上《毛泽东选集》带在身边。每次遇到工作中的困难，他都认真地向毛主席的著作请教，严格地按照毛主席的指示去办。他曾对县委的同志们介绍自己学习毛主席的方法，叫做"白天到群众中调查访问，回来读毛主席著作，晚上'过电影'，早上记笔记"。他所说的"过电影"，主要是指联系实际来思考问题。他说："无论学习或工作，不会'过电影'那是不行的。"

现在，全县抗灾斗争的情景，正像一幕幕的电影活动在他的脑海里，他带着一连串的问题，去阅读毛主席《关于领导方法的若干问题》那篇文章。目光停在那几行金光闪耀的字上：

"我们共产党人无论进行何项工作，有两个方法是必须采用的，一是一般和个别相结合，二是领导和群众相结合。"

"从群众中集中起来又到群众中坚持下去，以形成正确的领导意见，这是基本的领导方法。"

毛主席的话给了他很大的力量，眼前一下子豁亮起来。他决定发动县委领导同志再到贫下中农中间去，他自己更是经常住在老贫农的草庵子里，蹲在牛棚里，和群众一起吃饭，一起劳动。他带着高昂的革命激情和对群众的无限信任，在广大贫下中农中间询问着、倾听着、观察着。他听到许多贫下中农要求"翻身"、要求革命的呼声，看到许多社队自力更生、奋发图强同"三害"斗争的革命精神。他在群众中学到了不少治沙、治水、治碱的办法，总结了不少可贵的经验。群众的智慧，使他受到极大的鼓舞，也更加坚定了他战胜灾害的信心。

韩村是一个只有 27 户人家的生产队。1962 年秋天遭受了毁灭性的涝灾，每人只分了 12 两红高粱穗。在这样严重的困难面前，生产队的贫下中农提出，不向国家伸手，不要救济粮、救济款，自己割草卖草养活自己。他们说：摇钱树，人人有，全靠自己一双手。不能支援国家，心里就够难受了，决不能再拉国家的后腿。就在这年冬天，他们割了 27 万斤草，养活了全体社员，养活了 8 头牲口，还修理了农具，买了 7 辆架子车。

　　秦寨大队的贫下中农社员，在盐碱地上刮掉一层皮，从下面深翻出好土，盖在上面。他们大干深翻地的时候，正是最困难的 1963 年夏季，他们说："不能干一天就干半天，不能翻一锨就翻半锨，用蚕吃桑叶的办法，一口口啃，也要把这碱地啃翻个个儿。"

　　赵垛楼的贫下中农在七季基本绝收以后，冒着倾盆大雨，挖河渠，挖排水沟，同暴雨内涝搏斗。1963 年秋天，这里一连九天暴雨，他们却夺得了好收成，卖了 8 万斤余粮。

　　双杨树的贫下中农在农作物基本绝收的情况下，雷打不散，社员们兑鸡蛋卖猪，买牲口买种子，坚持走集体经济自力更生的道路，社员们说："穷，咱穷到一块儿；富，咱也富到一块儿。"

　　韩村、秦寨、赵垛楼、双杨树，广大贫下中农自力更生的革命精神，使焦裕禄十分激动。他认为这就是在毛泽东思想哺育下的贫下中农革命精神的好榜样。他在县委会议上，多次讲述了这些先进典型的重大意义，并亲自总结了它们的经验。他说："榜样的力量是无穷的，我们应该把群众中这些可贵的东西，集中起来，再坚持下去，号召全县社队向他们学习。"

1963年9月，县委召开了全县大小队干部的盛大会议，这是扭转兰考局势的大会，是兰考人民自力更生、奋发图强的一次誓师大会。会上，焦裕禄为韩村、秦寨、赵垛楼、双杨树的贫下中农鸣锣开道，请他们到主席台上，拉他们到万人之前，大张旗鼓地表扬他们的革命精神。他把群众中这些革命的东西，集中起来，总结为四句话："韩村的精神，秦寨的决心，赵垛楼的干劲，双杨树的道路。"他说：这就是兰考的新道路！是毛泽东思想指引的道路！他大声疾呼，号召全县人民学习这四个样板，发扬他们的革命精神，在全县范围内锁住风沙，制服洪水，向"三害"展开英勇的斗争！

这次大会在兰考抗灾斗争的道路上，是一个伟大的转折。它激发了群众的革命豪情，鼓舞了群众的革命斗志，有力地推动了全县抗灾斗争的发展。它使韩村等四个榜样的名字传遍了兰考；它让毛泽东思想的伟大红旗，在兰考

36 万群众的心目中，高高地升起！

从此，兰考人民的生活中多了两个东西，这就是县委和县人委发出的"奋发图强的嘉奖令"和"革命硬骨头队"的命名书。

"当群众最困难的时候，
共产党员要出现在群众面前"

就在兰考人民对涝、沙、碱三害全面出击的时候，一场比过去更加严重的灾害又向兰考袭来。1963 年秋季，兰考县一连下了 13 天雨，雨量达 250 毫米。大片大片的庄稼汪在洼窝里，渍死了。全县有 11 万亩秋粮绝收，22 万亩受灾。

焦裕禄和县委的同志们全力投入了紧急的生产救灾。

那是个冬天的黄昏。北风越刮越紧，雪越下越大。焦裕禄听见风雪声，倚在门边望着风雪发呆。过了会儿，他又走回来，对办公室的同志们严肃地说："在这大风大雪里，乡亲们住得咋样？牲口咋样？"接着他要求县委办公室立即通知各公社做好几件雪天工作。他说，"我说，你们记记：第一，所有农村干部必须深入到户，访贫问苦，安置无屋居住的人，发现断炊户，立即解决。第二，所有从事农村工作的同志，必须深入牛屋检查，照顾老弱病畜，保证不许冻坏一头牲口。第三，安排好室内副业生产。第四，对于参加运输的人畜，凡是被风雪隔在途中的，在哪个大队的范围，由哪个大队热情招待，保证吃得饱，住得暖。第五，教育全党，在大雪封门的时候，到群众中去，和他们同甘共苦。最后一条，把检查执行的情况迅速报告县委。"办公室的同志记下他的话，立即用电话向各公社发出了通知。

这天，外面的大风雪刮了一夜。焦裕禄的房子里，电灯也亮了一夜。

第二天，窗户纸刚刚透亮，他就挨门把全院的同志们叫起来开会。焦裕禄说："同志们，你们看，这场雪越下越大，这会给群众带来很多困难，在这大雪拥门的时候，我们不能坐在办公室里烤火，应该到群众中间去。共产党员应该在群众最困难的时候，出现在群众的面前，在群众最需要帮助的时候，去关心群众，帮助群众。"

简短的几句话，像刀刻的一样刻在每一个同志的心上，有人眼睛湿润了，有人有多少话想说也说不出来了。他们的心飞向冰天雪地的茅屋去了。大家立即带着救济粮款，分头出发了。

风雪铺天盖地而来。北风响着尖利的哨音，积雪有半尺厚。焦裕禄迎着大风雪，什么也没有披，火车头帽子的耳巴在风雪中呼扇着。那时，他的肝痛常常发作，有时疼得厉害，他就用一支钢笔硬顶着肝部。现在他全然没想到这些，带着几个年轻小伙子，踏着积雪，一边走，一边高唱《南泥湾》。他问青年人看过《万水千山》这个电影没有？他说："你们看，眼前多么像《万水千山》里的一个镜头呵。"

这一天，焦裕禄没烤群众一把火，没喝群众一口水。风雪中，他在9个村子，访问了几十户生活困难的老贫农。在许楼，他走进一个低矮的柴门。这里住的是一对无依无靠的老人。老大爷有病躺在床上，老大娘是个瞎子。焦裕禄一进屋，就坐在老人的床头问寒问饥。老大爷问他是谁？他说："我是您的儿子。"老人问他大雪天来干啥？他说："毛主席叫我来看望您老人家。"老大娘感动得不知说什么才好，用颤抖的双手上上下下摸着焦裕禄。老大爷眼里噙着泪说："解放前，大雪封门，地主来逼租，撵得我串人家的房檐，住人家的牛屋。"焦裕禄安慰老人说："如今印把子抓在咱手里，兰考受灾受穷的面貌一定能够改过来。"

就是在这次雪天送粮当中，焦裕禄也看到和听到了许多贫下中农极其感人的故事。谁能够想到，在毁灭性的涝灾面前，竟有那么一些生产队，两次三番退回国家送给他们的救济粮、救济款。他们说：把救济粮、救济款送给比我们更困难的兄弟队吧，我们自己能想办法养活自己！

焦裕禄心里多么激动呵！他看到毛泽东思想像甘露

一样滋润了兰考人民的心，党号召的自力更生、奋发图强的精神，在困难面前逞英雄的硬骨头精神，已经变成千千万万群众敢于同天抗、同灾斗的物质力量了。

有了这种精神，在兰考人民面前还有什么天大的灾害不能战胜！

"县委书记要善于当'班长'"

焦裕禄常说，县委书记要善于当"班长"，要把县委这个"班"带好，必须使这"一班人"思想齐、动作齐。而要统一思想、统一行动，就必须用毛泽东思想挂帅。

他是这样想的，也是这样做的。

县人委有一位从丰收地区调来的领导干部，提出了一个装潢县委和县人委领导干部办公室的计划。连桌子、椅子、茶具，都要换一套新的。为了好看，还要把城里一个污水坑填平，上面盖一排房子。县委多数同志激烈地反对这个计划。也有人问："钱从哪里来？能不能花？"这位领导干部管财政，他说："花钱我负责。"

但是，焦裕禄提了一个问题：

"坐在破椅子上不能革命吗？"他接着说明了自己的意见：

"灾区面貌没有改变，还大量吃着国家的统销粮，群众生活很困难。富丽堂皇的事，不但不能做，就是连想也很危险。"

后来，焦裕禄找这位领导干部谈了几次话，帮助他改变思想认识。焦裕禄对他说：兰考是灾区，比不得丰收区。即使是丰收区，你提的那种计划，也是不应该做的。焦裕禄劝这位领导干部到贫下中农家里去住一住，到贫下中农中间去看一看。去看看他们想的是什么，做的是什么。焦裕禄作为县委的班长，他从来不把自己的意见强加于人。他对同志们要求非常严格，但他要求得入情入理，叫你自己从内心里生出改正错误的力量。不久以后，这位领导干部改变了认识，自己收回了那个"建设计划"。

有一位公社副书记在工作中犯了错误。当时，县委开会，多数委员主张处分这位同志。但焦裕禄经过再三考虑，提出暂时不要给他处分。焦裕禄说，这位同志是我们的阶级弟兄，他犯了错误，给他处分固然是必要的；但是，处分是为了达到治病救人的目的。当前改变兰考面貌，是一个艰巨的斗争，不如派他到最艰苦的地方去，考验他，锻炼他，给他以改正错误的机会，让他为党的事业出力，这样不是更好吗？

县委同意了焦裕禄的建议，决定派这个同志到灾害严重的赵垛楼去蹲点。这位同志临走时，焦裕禄把他请来，严肃地提出批评，亲切地提出希望，最后焦裕禄说："你想想，当一个不坚强的战士，当一个忘了群众利益的共产党员，多危险，多可耻呵！先烈们为解放兰考这块地方，能付出鲜血、生命；难道我们就不能建设好这个地方？难道我们能在自然灾害面前当怕死鬼？当逃兵？"

焦裕禄的话，一字字、一句句都紧紧扣住这位同志的心。这话的分量比一个最重的处分决定还要沉重，但这话也使这位同志充满了战斗的激情。阶级的情谊，革命的情谊，党的温暖，在这位犯错误的同志的心中激荡着，他满眼流着泪，说，"焦裕禄同志，你放心……"

这位同志到赵垛楼以后，立刻同群众一道投入了治沙治水的斗争。他发现群众的生活困难，提出要卖掉自己的自行车，帮助群众，县委制止了他，并且指出，当前最迫切的问题，是从思想上武装赵垛楼的社员群众，领导他们起来，自力更生进行顽强的抗灾斗争，一辆自行车是不能解决什么问题的。以后，焦裕禄也到赵垛楼去了。他关怀赵垛楼的2000来个社员群众，也关怀这位犯错误的同志。

就在这年冬天，赵垛楼为害农田多年的24个沙丘，被社员群众用沙底下的黄胶泥封盖住了。社员们还挖通了河渠，治住了内涝。这个一连七季吃统销粮的大队，一季翻身，卖余粮了。

也就在赵垛楼大队"翻身"的这年冬天，那位犯错误的同志，思想上也翻了个个儿。他在抗灾斗争中，身先士卒，表现得很英勇。他没有辜负党和焦裕禄对他的期望。

焦裕禄，出生在山东淄博一个贫农家里，他的父亲在解放前就被国民党反动派逼迫上吊自杀了。他从小逃过荒，给地主放过牛，扛过活，还被日本鬼子抓到东北挖过煤。他带着仇恨参加了革命队伍，在部队、农村和工厂里做过基层工作。自从参加革命一直到当县委书记以后，他始终保持着劳动人民的本色。他常常开襟解怀，卷着裤管，朴朴实实地在群众中间工作、劳动。群众身上有多少泥，他身上有多少泥。他穿的袜子，补了又补，他爱人要给他买双新的，他说："跟贫下中农比一比，咱穿得就不错了。"夏天他连凉席也不买，只花四毛钱买一条蒲席铺。

有一次，他发现孩子很晚才回家。一问，原来是看戏去了。他问孩子："哪里来的票？"孩子说："收票叔叔向我要票，我说没有。叔叔问我是谁？我说焦书记是我爸爸。叔叔没有收票就叫我进去了。"焦裕禄听了非常生气，当即把一家人叫来"训"了一顿，命令孩子立即把票钱如数送给戏院。接着，他又建议县委起草了一个通知，不准任何干部特殊化，不准任何干部和他们的子弟"看白戏"……

"焦裕禄是我们县委的好班长，好榜样。"

"在焦裕禄领导下工作，方向明，信心大，敢于大作大为，心情舒畅，就是累死也心甘。"

焦裕禄的战友这样说，反对过他的人这样说，犯过错误的人也这样说。

他心里装着全体人民，唯独没有他自己

县委一位副书记在乡下患感冒，焦裕禄几次打电话，要他回来休息；组织部一位同志有慢性病，焦裕禄不给他分配工作，要他安心疗养；财委一位同志患病，焦裕禄多次催他到医院检查……焦裕禄的心里，装着全体党员和全体人民，唯独没有他自己。

1964 年春天，正当党领导着兰考人民同涝、沙、碱斗争胜利前进的时候，焦裕禄的肝病也越来越重了。很多人都发现，无论开会、作报告，他经常把右脚踩在椅子上，用右膝顶住肝部。他棉袄上的第二和第三个扣子是不扣的，左手经常揣在怀里。人们留心观察，原来他越来越多地用左手按着时时作痛的肝部，或者用一根硬东西顶在右边的椅靠上。日子久了，他办公坐的藤椅上，右边被顶出了一个大窟窿。他对自己的病，是从来不在意的。同志们问起来，他才说他对肝痛采取了一种压迫止痛法。县委的同志们劝他疗养，他笑着说："病是个欺软怕硬的东西，你压住他，他就不欺侮你了。"焦裕禄暗中忍受了多大痛苦，连他的亲人也不清楚。他真是全心全意投到改变兰考面貌的斗争中去了。

焦裕禄到地委开会，地委负责同志劝他住院治疗，他说："春天要安排一年的工作，离不开！"没有住。地委给他请来一位有名的中医诊断病情，开了药方，因为药费很贵，他不肯买。他说："灾区群众生活很困难，花这么多钱买药，我能吃得下吗？"县委的同志背着他去买来三剂，强制他服下，但他执意不再服第四剂。

那天，县委办公室的干部张思义和他一同骑自行车到三义寨公社去。走到半路，焦裕禄的肝痛发作，疼得蹬不动车，两个人只好推着自行车慢慢走。刚到公社，大家看他气色不好，就猜出是他又发病了。公社的同志说："休息一下吧。"他说："谈你们的情况吧，我不是来休息的。"

公社的同志一边汇报情况，一边看着焦裕禄强按着肚子在作笔记。他的肝痛得使手指发抖，钢笔几次从手指间掉了下来。汇报的同志看到这情形，忍住泪，连话都说不出来了，而他，故意作出神情自若的样子，说：

"说，往下说吧。"

1964 年的 3 月，兰考人民的除"三害"斗争达到了高潮，焦裕禄的肝病也到了严重关头。躺在病床上，他的心潮汹涌澎湃，奔向那正在被改造着的大地。他满腔激情地坐到桌前，想动手写一篇文章，题目是《兰考人民多奇志，敢教日月换新天》。他铺开稿纸，拟好了四个小题目：一、设想不等于现实。二、一个落后地区的改变，首先是领导思想的改变。领导思想不改变，外地的经验学不进，本地的经验总结不起来。三、榜样的力量是无穷的。四、精神原子弹——精神变物质。

充满了革命乐观主义的焦裕禄，从兰考人民在抗灾斗争中表现出来的英雄气概，从兰考人民一步一个脚印的实干精神中，已经预见到新兰考美好的未来。但是，文章只开了个头，病魔就逼他放下了手中的笔，县委决定送他到医院治病去了。

临行那一天，由于肝痛得厉害，他是弯着腰走向车站的。他是多么舍不得离开兰考呵！一年多来，全县149个大队，他已经跑遍了120多个。他把整个身心，都交给了兰考的群众，兰考的发展。正像一位指挥员在战斗最紧张的时刻，离开炮火纷飞的前沿阵地一样，他从心底感到痛苦、内疚和不安。他不时深情地回顾着兰考大地的一切，他多么希望能很快地治好肝病，带着旺盛的精力回来和群众一块战斗呵！他几次向送行的同志们说，不久他就会回来的。在火车开动前的几分钟，他还郑重地布置了最后一项工作，要县委的同志好好准备材料，等他回来时，向他详细汇报抗灾斗争的战果。

"活着我没有治好沙丘，
死了也要看着你们把沙丘治好！"

开封医院把焦裕禄转到郑州医院，郑州医院又把他转到北京的医院。在这位钢铁般的无产阶级战士面前，医生们对他和肝痛斗争的顽强性格感到惊异。他们带着崇敬的心情站在病床前诊察，最后很多人含着眼泪离开。

那是个多么阴冷的日子呵！医生们开出了最后的诊断书，上面写道："肝癌后期，皮下扩散。"这是不治之症。送他去治病的赵文选同志，绝不相信这个诊断，人像傻了似的，一连声问道："什么，什么？"医生说：你赶紧送他回去，焦裕禄同志最多还有 20 天时间。"

赵文选呆了一下，突然放声痛哭起来。他央告着说：

"医生，我求求你，我恳求你，请你把他治好，俺兰考是个灾区，俺全县人离不开他，离不开他呀！"

在场的人都含着泪。医生说：

"焦裕禄同志的工作情况，在他进院时，党组织已经告诉我们。癌症现在还是一个难题，不过，请你转告兰考县的群众，我们医务工作者，一定用焦裕禄同志同困难和灾害斗争的那种革命精神，来尽快攻占这个高峰。"

焦裕禄又被转到郑州河南医学院附属医院。

焦裕禄病危的消息传到兰考后，县上不少同志曾去郑州看望他。县上有人来看他，他总是不谈自己的病，先问县里的工作情况，他问张庄的沙丘封住了没有？问赵垛楼的庄稼淹了没有？问秦寨盐碱地上的麦子长得怎样？问老韩陵地里的泡桐树栽了多少？……有一次，他特地嘱咐一个县委办公室的干部说：

"你回去对县委的同志说，叫他们把我没写完的文章写完；还有，把秦寨盐碱地上的麦穗拿一把来，让我看看！"

5月初，焦裕禄的病情进一步恶化了。在这种情况下，他的亲密的战友、县委副书记张钦礼匆匆赶到郑州探望他。当焦裕禄用他那干瘦的手握着张钦礼，两只失神的眼睛充满深情地望着他时，张钦礼的泪珠禁不住一颗颗滚了下来。

焦裕禄问道："听说豫东下了大雨，雨多大？淹了没有？"

"没有。"

"这样大的雨，咋会不淹？你不要不告诉我。"

"是没有淹！排涝工程起作用了。"张钦礼一面回答，一面强忍着悲痛给他讲了一些兰考人民抗灾斗争胜利的情况，安慰他安心养病，说兰考面貌的改变也许会比原来的估计更快一些。

这时候，张钦礼看到焦裕禄在全力克制自己剧烈的肝痛，一粒粒黄豆大的冷汗珠时时从他额头上浸出来。他勉强擦了擦汗，半晌，问张钦礼：

"我的病咋样？为什么医生不肯告诉我呢？"

张钦礼迟迟没有回答。

焦裕禄一连追问了几次，张钦礼最后不得不告诉他说："这是组织上的决定。"

听了这句话，焦裕禄点了点头，镇定地说道："呵，我明白了……"

隔了一会儿，焦裕禄从怀里掏出一张自己的照片，颤颤地交给张钦礼，然后说道："钦礼同志，现在有句话我不能不向你说了。回去对同志们说，我不行了，你们要领导兰考人民坚决地斗争下去。党相信我们，派我们去领导，我们是有信心的。我们是灾区，我死了，不要多花钱。我死后只有一个要求，要求组织上把我运回兰考，埋在沙堆上。活着我没有治好沙丘，死了也要看着你们把沙丘治好！"

张钦礼再也无法忍住自己的悲痛，他望着焦裕禄，鼻子一酸，几乎哭出声来。他带着泪告别了自己最亲密的战友……

谁也没有料到，这就是焦裕禄同兰考县人民，同兰考县党组织的最后一别。

1964 年 5 月 14 日，焦裕禄同志不幸逝世了，那一年，他才 42 岁。

在他生命的最后时刻，中共河南省委和开封地委有两位负责同志守在他的床前。他对这两位上级党组织的代表断断续续地说出了最后一句话："我……没有……完成……党交给我的……任务。"

他死后，人们在他病榻的枕下，发现两本书：一本是《毛泽东选集》，一本是《论共产党员的修养》。

他没有死，他还活着

事隔一年以后，1965 年春天，兰考县几十个群众代表和干部，专程来到焦裕禄的坟前，乡亲们一看见焦裕禄的坟墓，就仿佛看见了他们的县委书记，看见了他们永远也不会忘记的那个人。

一年前，他还在兰考，同群众一起，日夜奔波在抗灾斗争的前线。人们怎么会忘记，在那大雪封门的日子，他带着党的温暖走进了群众的柴门；在那洪水暴发的日子，他拄着棍子带病到各个村庄察看水情。是他高举着毛泽东思想的红灯，照亮了兰考人民自力更生的道路；是他带领兰考人民扭转了兰考的局势，激发了人们的革命精神；是他喊出了"锁住风沙，制伏洪水"的号召；是他发现了兰考人民革命的"硬骨头"精神，使之在全县发扬光大……

这一切，多么熟悉，多么亲切呵！谁能够想到，像他这样一个充满着革命活力的人，竟会在兰考人民最需要他的时候，离开了兰考的大地。

人们一个个含着泪站在他的坟前，一位老贫农泣不成声地说出了36万兰考人民的心声：

"我们的好书记，你是活活地为俺兰考人民，硬把你给累死的呀。困难的时候你为俺们操心，跟着俺们受苦，现在，俺们好过了，全兰考翻身了，你却一个人在这里……"

这是兰考人民对自己的亲人，自己的战友的痛悼，也是兰考人民对一个为他们的利益献出生命的共产党员的最高嘉奖。

焦裕禄去世后的这一年，兰考县的全体党员，全体人民，用眼泪和汗水灌溉了兰考大地。三年前焦裕禄倡导制订的改造兰考大自然的蓝图，经过三年艰苦努力，已经变成了现实。兰考，这个豫东历史上缺粮的县份，1965年粮食已经初步自给了。全县2574个生产队，除300来个队是棉花、油料产区外，其余的都陆续自给，许多队还有了自己的储备粮。1965年，兰考县连续旱了68天，从1964年冬天到1965年春天，刮了72次大风，却没有发生风沙打死庄稼的灾害，19万亩沙区的千百条林带开始把风沙锁住了。这一年秋天，连续下了384毫米暴雨，全县也没有一个大队受灾。

焦裕禄生前没有写完的那篇文章，由 36 万兰考人民在兰考大地上集体完成了。这是一篇气壮山河、人颜欢笑的文章，是一篇闪烁着毛泽东思想光辉的文章。在这篇文章里，兰考人民笑那起伏的沙丘"贴了膏药，扎了针"①，笑那滔滔洪水乖乖地归了河道，笑那人老几辈连茅草都不长的老碱窝开始出现了碧绿的庄稼，笑那多少世纪以来一直压在人们头上的大自然的暴君，在伟大的毛泽东时代，不能再任意摆布人们的命运了。

焦裕禄虽然去世了，但他在兰考土地上播下的自力更生的革命种子，正在发芽成长，他带给兰考人民的毛泽东思想的红灯，愈来愈发出耀眼的光芒。他一心为革命，一心为群众的高贵品德，已成为全县干部和群众学习的榜样。这一切宝贵的精神财富，今天已化为强大的物质力量，推动着兰考人民在自力更生、奋发图强的大道上继续奋勇前进。兰考灾区面貌的改变，还只是兰考人民征服大自然的开始，在这场伟大的向大自然进军的斗争中，他们不仅要彻底摘掉灾区的帽子，而且决心不断革命，把大部分农田

---

① 这是焦裕禄生前总结兰考人民治沙经验时说过的两句话。"贴上膏药"是指用翻淤压沙的办法把沙丘封住；"扎了针"是指在沙丘上种上树，把沙丘固定住。

逐步改造成为旱涝保收的稳定高产田，逐步实现"上纲要"（达到农业发展纲要规定的产量要求），"过长江"，建设社会主义新兰考。

焦裕禄同志，你没有辜负党的希望，你出色地完成了党交给你的任务，兰考人民永远忘不了你。你不愧为毛泽东思想哺育成长起来的好党员，不愧为党的好干部，不愧为人民的好儿子！你是千千万万在严重自然灾害面前，巍然屹立的共产党员和人民群众英雄形象的代表。你没有死，你将永远活在千万人的心里！

（据新华社北京 1966 年 2 月 7 日电，出版时个别字句略有改动。）

人民呼唤焦裕禄

进入 20 世纪 90 年代，在中华大地兴起学雷锋新潮的同时，人们深情地呼唤着另一个名字——焦裕禄。

在这声声呼唤中，我们 3 个当年采写焦裕禄事迹的老记者重访兰考，专程到焦裕禄墓前敬献花圈。花圈的挽带上写着"焦裕禄精神永存"七个字，表达了我们对这位忠诚的共产主义战士、人民的好儿子的崇敬和思念。

焦裕禄去世已经 26 年了。兰考人民在黄河故堤的一个沙丘上，修建了焦裕禄烈士陵园。陵园里，参天的泡桐绿荫蔽日，葱郁的松柏密密环绕。白色大理石砌筑的墓地上竖立着一面屏壁，上面镌刻着毛泽东的题字："为人民而死，虽死犹荣"。

我们默默地站在墓前，望着那高大的墓碑，环顾兰考大地，思前想后，禁不住心潮澎湃，思绪万千——

（一）

24年前，当我们第一次踏上兰考这块苦难的土地，兰考的"三害"——内涝、风沙、盐碱还在猖獗地为害人民。一年365天，多一半漫天黄沙飞扬。我们住在县委招待所，清晨起床，被褥总是蒙着一层黄尘。白色的盐碱每年不仅要碱死几万几十万亩禾苗，还浸蚀着千家万户的墙脚和锅台。内涝渍死了大片庄稼，有幸捉住苗的，一亩地打下几十或上百斤粮食就是上好年景。

今天，兰考1800平方公里大地和98万亩耕地，大变样了。

"看到泡桐树，想起焦裕禄。"这是传唱在兰考的一首新民歌。焦裕禄当年为了防风固沙，帮助农民摆脱贫困，提倡种植泡桐。20多年过去，兰考全境的飞沙地、老洼窝、盐碱滩，都已经长起大片大片纵横成网的泡桐林了。1963年焦裕禄亲手栽下的那棵麻秆粗的幼桐，已经长成双人合抱的大树，人们亲切地叫它"焦桐"。全县半数以上的耕地实行农桐间作，一亩地每年仅桐树就可以增值200到240元。我们一路所见，不仅在兰考，而且在豫东平原，在中州大地，在千里公路沿线，在雄伟的黄河大堤，到处都是泡桐挺拔的英姿，到处都是绿色的海洋。

东坝头是黄河下游一个最险要的地段，从三门峡、花园口奔泻而来的黄河激流，在这里按照人们的意志，回旋了一个马蹄形，从巍峨的石坝脚下乖乖地折向东北，奔向大海。滔滔黄河在历史上有过多次泛滥，给这一带留下了271个大大小小的沙堆。每当刮起5级以上大风，黄沙蔽日，天昏地暗，一夜之间沙丘就能搬家。24年前，我们来这里采访，举目黄沙茫茫，不见树木。这次，我们再访东坝头一带，茫茫黄沙已经不见踪影，眼底尽是一望无际的麦海。农民开着汽车、拖拉机，赶着牛车，正忙着收割麦子。微风起处，漾起层层金色的麦浪，一个个旧日的沙堆，变成了郁郁葱葱的刺槐林，极目望去，宛如飘浮在金色麦海里的一个个绿岛。

我们沿着曲径登上名叫"九米九"的大沙丘。头上绿叶盖顶，脚下青草铺地，林子里阵阵凉风宜人。盛夏的阳光从华盖般的槐叶缝里流泻下来，像撒下一条条金色丝线。24年前，我们曾吃力地爬上这个沙丘，流沙灌满了我们的鞋袜。那时，沙丘顶上刚刚种上稀疏的刺槐苗，迎着寒风有气无力地摇曳着。

邻近"九米九"的下马台，原是临大路的一个村庄。因为沙丘移动，村舍、水井被淹没，村民弃家外逃，这里就变成了一个方圆50亩的大沙丘。焦裕禄从1963年春天开始，组织农民在这里挖泥封沙，栽种刺槐，如今也早已成林了。72 岁的护林老人王心茂告诉我们："下马台大沙丘今天变成了'元宝垛'，全靠老焦当年领着大伙种树治沙。"王心茂一家人就住在林中小屋里，年年月月守护着这片焦书记留下的林子。他爱树如命，说："谁要砍死一棵树，就是砍我一条腿；谁要撅折一根树枝，就是断我一个指头，我决不答应！"这句话，表达了老人对党、对他心目中的焦书记多么深厚的感情呵！

当年受到焦裕禄称赞的"四杆旗"之一的韩村，也许是兰考农村今昔变迁的一个缩影。

韩村周围是洼地，常年渍水，土地碱化。24 年前我们来这个村访问时，饥寒交迫的农民含着泪告诉我们：1962年全村 27 户人家，每人只分得老秤 12 两高粱穗。贫穷像蛇一样缠着这个村庄。在那许多人感到沮丧的年代，他们人穷志不短，硬是不要国家的救济粮和救济款，自力更生，到老洼窝里割草卖草，换来三头毛驴和农具，忍饥挨饿，坚持生产。就在这个时刻，焦裕禄来到韩村，他从韩村人身上看到了千斤重担不弯腰的志气，并被深深地感动了。他把韩村的代表请上表彰大会的主席台，号召全县学习他们的精神。这次我们又到韩村，看到人们引来的黄河水把洼地淤高了，低洼的荒草窝长出了一坡好麦子、好花生，昔日的盐碱地也种上了棉花。当年的茅屋都换成了一色的砖瓦房。全村 51 户，有 22 户买了拖拉机。

我们怀着急切的心情，来到兰考火车站。20 多年前，这里的一切令人触目心酸。那时冬春季节，有多少兰考的灾民在这里啼哭饮泣，有多少家庭在这里骨肉离散！站台上堆着从全国各地运来的救灾粮，站内站外，货运列车的棚顶上，都坐着衣衫褴褛的灾民。这一切，仿佛是我们昨日所见，历历在目。而眼前，车站的一切完全变了。整洁的站台修了花坛，东来西去的客货列车井然运行，75000 平方米新建的货场可以同时装卸 100 多个车皮。最近 5 年，兰考火车站每年平均装车外运的粮食、棉花、桐材、油料等有 1 亿多公斤。焦裕禄深夜到火车站看到的令他含泪的农民弟兄离乡背井、外出逃荒的凄苦场景，已经作为历史的一页翻过去了。

焦裕禄临终前曾说："我死后只有一个要求，要求党组织把我运回兰考，埋在沙滩上。活着我没有治好沙丘，死了也要看着你们把沙丘治好！"多年来，兰考历届党政组织抱定"一张蓝图画到底"的决心，领导人民改天换地。焦裕禄用生命绘制的那张蓝图，今天已经成为兰考大地的现实。

兰考人深情地说："咱焦书记在九泉之下可以瞑目了。"

（二）

　　曲曲折折的历史没有磨灭刻在人民内心深处对焦裕禄的思念。随着时光的流逝，一种呼唤焦裕禄的激越之情，像江河大海的波涛，在共产党员心中，在人民群众的心中，更加激荡不已。

　　今年以来，已经有 30 多万人来到墓前凭吊焦裕禄。

　　当年那个大雪封门的日子，焦裕禄去梁孙庄推开柴门访问过的那位老人梁俊才已经去世，双目失明的张晴老大娘还健在，已经 89 岁了。她还记得，那天她用颤抖的双手上上下下摸着焦裕禄，问："你是谁？"焦裕禄说："我是你的儿子！"去年，张晴大娘家里收获 1000 公斤小麦，750公斤花生。今年清明节，她要人拉着架子车专程送她到焦裕禄坟前，按照农村古老的习俗烧了一堆"纸钱"，她说："如今俺富了，老焦有钱花吗？"

　　一个又一个农村妇女，从家里带来新蒸的白面馒头，摆在焦裕禄墓前，哭着喊着，要他们的焦书记走出墓来尝尝味道。他们永远忘不了，焦裕禄和他们一起吃糠咽菜的艰难日子；永远忘不了焦裕禄端起大家凑来的"百家饭"，眼泪簌簌滚下来的情景。如今家家过上了好日子，焦书记却不回来了。

堌阳乡刁楼村 70 多岁的老农马全修，身患关节炎，走路靠双拐。今年清明节，他披着老羊皮，艰难地走了二三十里路，来到墓前，恭恭敬敬行了三鞠躬礼。他对陵园工作人员说："老焦是万里挑一的人呀！我怕活不久了，趁还能走动，赶来看看他。说不定啥时候死了，想来也来不了啦！"

从葡萄架村来的一位 60 来岁的妇女，在墓前哭得很伤心。工作人员问她："有什么为难事？"她说："我只有一个儿子，自从娶了媳妇，再也不肯管我了。我生他时，生活多么艰难啊！焦书记关心我，救济过我，还送我一块喜庆的红布。那时候，吃不上，喝不上。如今吃喝都有了，儿大心变了。一生孩子的气，我便想起老焦，想起那块红布。唉，要是老焦在，这种事他能不管吗？"

陵园工作人员还对我们谈了一件事：清明节前，陵园松林里一位来自民权县的老农踽踽独行。问他来干什么，他说来看看。问他的姓名，他不肯说。工作人员又问："你心里有什么事？"老农哭了。他说："我心里有话，没有地方诉呀，来跟老焦说说……"

群众过上了好日子，思念焦裕禄；群众有了困难，想起焦裕禄；群众心里有了委屈，也要到焦裕禄墓前来哭诉。

兰考人心目中，焦裕禄没有死。在村头、田间，在农舍、牛屋，在农村饭场，在夜半梦乡，他们似乎还在跟焦书记倾诉自己的心里话。

广大群众呼唤焦裕禄，这不是一个偶然现象。他们是在呼唤党一贯同群众血肉相连的好传统，呼唤党的一切为了人民、一切依靠人民的好作风。

（三）

焦裕禄去世 26 年了。其间，中华人民共和国 960 万平方公里土地上发生了天翻地覆的变化！我们走过洒满阳光的坦途，也经历过阴云满天的坎坷。党的十一届三中全会这个伟大的里程碑，开启了共和国历史上一个崭新的时代。

从北京到河南的千里农村，我们看到处处绿树成荫，一派生机勃勃。昔日低矮的茅屋很少见了，少数富裕的农民又拆去刚住了几年的砖瓦房，盖起了独家独院的小楼。强大的电流给广大农村注入了新的活力，农业生产插上了翅膀，乡镇企业有如雨后春笋，家用电器飞进了寻常百姓家。越来越多的农民不再固守传统的耕作习惯，发出了向科学技术要产量要效益的呼唤。前几年，他们是从城里"抢财神"下乡；近年来，那些先进的农民在庭院在承包田里试验深层开发，自己开始走向农业科学殿堂了。20 多年前连捉苗都很困难的黄河故道农村，现在已有成片农田三种三熟、四种四熟了。

特别令人兴奋的是，一批又一批年轻的干部，相继走上了县委书记、县长的领导岗位。他们同千百万农村基层干部一起，长年累月，勤勤恳恳，为党为人民默默地工作着。祖国大地山河巨变，无不凝聚着他们的辛劳和汗水。这些20世纪80年代以来成长起来的年轻一代，有从农村基层提拔上来的，更多的是大学毕业生、研究生。在党的哺育下，他们有较高的科学知识水平和文化素养，经过实践的磨炼，身上也闪现着60年代县委书记焦裕禄的精神风貌。

他们是新时代大潮中的中流砥柱！

但是，在新形势新任务面前，也有少数干部经不起执政和改革开放的考验，受到不正之风的影响和腐朽思想的侵蚀。他们把为人民服务的宗旨抛到了九霄云外，背离人民，违法乱纪，成为大潮奔泻中的泥沙。

当前，值得严重注意的是，在有些地方，干群关系紧张，干部作风不正，官僚主义严重，有禁不止，有令不行，甚至滋长了腐败现象。

有的人随意侵犯群众利益，乱收费、乱摊派、乱罚款，一切向钱看。群众气愤地把这"三乱"比做新的"三害"。

有的人挥霍公款大吃海喝，群众指着他们的脊梁骨说：

"你们把酒杯捏扁了，把筷子吃短了，把椅子坐散了。"

有的人不为群众办事，只顾自己"窝里斗"，对群众疾苦视而不见，充耳不闻。

有的人弄虚作假，文过饰非，还向上邀功请赏，争名争利。

有的人贪赃枉法，胡作非为，不止自己侵吞公款公物盖私房，还为亲朋故旧、七姑八姨谋私利、捞便宜……

有一个老贫困县，十年九灾，被称为"洪水招待所"。全县128万亩耕地，有123万亩旱不能浇，涝不能排；人均收入200元以下，温饱问题一直没有解决。农民形容自己的苦日子是："泥巴房子泥巴床，除了泥巴没家当。"这样一个长期贫困的老灾区，那里的干部本该发扬焦裕禄精神，咬紧牙关，艰苦奋斗它几年，领导群众摆脱贫困。但令人痛心的是，1988和1989两年，这个县一面吃着国家救济粮，用着国家救济款，一面竟然作出决定，让下级机关给领导干部"送红包"；而全县得"红包"金额最多的是原县委书记。

这些腐败现象，使广大群众心不平，气不顺，在干群之间、党群之间无形中筑起一道高墙，它隔断了党与群众的联系，玷污了党的形象，造成了许多不安定因素。

60年代初，我国外有压力，内有经济困难。焦裕禄那种敢于"在困难面前逞英雄"的气概,"心中装着全体人民,惟独没有自己"的情怀,不啻是黑云压顶时一道耀眼的闪电。正是凭借这种气概和情怀,我们的党克服了历史上的一个个危难而一往无前。现在,我们国家也面临着外有压力、内有困难的形势,依然需要"在困难面前逞英雄"的精神,需要同人民群众紧密联系的作风。

这就是成千上万人一往情深地怀念焦裕禄、呼唤焦裕禄的真正原因。

党的十三届六中全会的决定郑重指出:"人民群众是我们党的力量源泉和胜利之本。能否始终保持和发展同人民群众的血肉联系,直接关系到党和国家的盛衰兴亡。"决定谆谆告诫全党:"在改革开放、发展商品经济的条件下,共产党员更加需要自觉保持清正廉洁,坚决反对腐败行为。如果听任腐败现象蔓延,党就有走向自我毁灭的危险。"

这历史性的决定,像警钟长鸣!

(四)

我们在河南农村访问,同地委、县委的许多干部交谈。他们在学习焦裕禄的活动中,有深切的感受,有各自的经验体会,内心也有些隐忧。

许多干部尖锐地指出,焦裕禄是县委书记的榜样,学习焦裕禄，重点是领导干部学，不能只领导别人学、自己不学。人民怀念焦裕禄，表现了群众对党的干部的殷切期望。绝不能辜负群众的期望！当"班长"，要事事、处处与焦裕禄相比，在自己身上找差距；要像焦裕禄那样善于团结"一班人"。搞"窝里斗"的，争名于朝、争利于市的，学不了焦裕禄。

60年代，焦裕禄是领导群众同严重的自然灾害作斗争，让兰考群众吃饱穿暖。今天，新的任务、新的困难正考验着我们的干部，学习焦裕禄不仅要领导群众同自然作斗争，还要同侵入自己肌体的官僚主义和腐败现象进行斗争。从某种意义上讲，这种斗争比起同自然灾害的斗争还要艰苦得多。县委书记们谈到这一点时，强调说，学习焦裕禄，一定要从世界观上学，要付出代价，作出某种牺牲，经历思想上痛苦的磨炼。不能摆花架子，不能搞形式主义。

书记们谈到焦裕禄"心里装着全体人民"时，都很动情。他们举出许多事例说，只要与群众心连心，处处为群众着想，为群众办好事、办实事，群众就信任你、拥护你，工作就会一呼百应；国家有什么困难，群众也会支持国家渡过难关，就是上刀山下火海，也在所不辞。如果你心里没有群众，和群众离心离德，违背群众利益，再大的好事，就是干部喊破嗓子，群众也是百呼不应。这是一个非常朴素的真理。

"千金易求，人心难得。"这是自古以来中国人民的箴言，也是关系我们党盛衰兴亡的一个大问题。

从兰考到开封，我们瞻仰了曾任开封府府尹，近千年来一直活在人民心中，为人们敬仰传颂的包拯的塑像。这座新建的包公祠里，有一块古石碑，上面铭刻着开封府历届府尹的名字。人们纪念包拯，崇敬包拯，前来参观的人都要站在石碑前抚摸一下他的名字。年深日久，石碑上"包拯"二字被摸出了一片很深的亮光光的凹痕。

我们从包拯又想起了焦裕禄。焦裕禄不是封建社会的"包大人"，他自称是"人民的儿子"。包拯在开封府为官只有一年零三个月，但这位妇孺皆知的"包青天"，留给后人的是几天也讲不完的清正廉明的传奇故事。焦裕禄在兰考实际上也只是工作了一年零几个月，而他却给人民留下一个共产党人的高大形象和许多无价的精神财富。

"我是你们的儿子"，焦裕禄的这句话，表达了一个伟大的真理。这是一个震撼历史的声音，他喊出了中国共产党人对人民的全部忠诚。

历史将永远铭记这位人民的儿子的英名。

（据新华社北京 1990 年 7 月 8 日电）